MW01235249

V.M. Rabolú

HERCÓLUBUS
O PLANETA ROJO

HERCÓLUBUS
O PLANETA ROJO

HERCÓLUBUS O PLANETA ROJO
Joaquín Enrique Amórtegui Valbuena
(V.M. Rabolú)

Del Original colombiano:
HERCÓLUBUS O PLANETA ROJO

Copyright © C. Volkenborn Verlag
Postfach 11 16
63611 Bad Orb, Alemania.

Editado en Brasil © 2002 por:
Milenium Ediçöes do Brasil Ltda.

ISBN 85-901398-4-07

Impreso en República Dominicana
Printed in Dominican Republic
Por: Impresos Industriales del Caribe, S.A.

HERCÓLUBUS
O PLANETA ROJO

La Humanidad está embelesada con los pronósticos de los falsamente llamados científicos, que no hacen sino llenarla de mentiras, desfigurando la verdad. Vamos a hablar sobre Hercólubus o Planeta Rojo, que viene hacia la Tierra.

Los científicos, según versiones, ya hasta lo pesaron, que tiene tantas toneladas y diámetro, como si fuera algún juguete de niños; pero no es así. Hercólubus o Planeta Rojo es 5 ó 6 veces más grande que Júpiter, es un gran gigante, que no hay nada que lo tranque o lo desvíe.

Los terrícolas creen que es un juguete y realmente es el principio del fin del planeta Tierra; ya llegó. Esto lo saben los demás mundos de nuestro sistema solar y hay gran afán de ellos por prestarnos una ayuda para evitar el cataclismo, pero nadie podrá detenerlo porque éste es el castigo que merecemos, para acabar con tanta maldad.

Hago saber que Hercólubus es una creación, como nuestro mundo; tiene su Humanidad que habita en él, tan perversa como la de aquí. Cada planeta, cada mundo, tiene su Humanidad. Que no crean los señores científicos que van a atacar a ese planeta y lo van a desintegrar, porque allá también tienen sus armas, que pueden responder y desaparecernos de un momento a otro. Si los atacan ellos se defienden y el fin sería mucho más rápido.

Resulta y pasa que en el vaivén de la vida, todo retorna a su principio o a su fin. En el Continente Atlante sucedió el mismo caso, con menos intensidad, pero en este retorno de los acontecimientos, el planeta nuestro no aguanta siquiera que pase por muy cerca el otro, para volar en pedazos. Esto lo desconocen los señores científicos, porque ellos se creen muy poderosos con sus armas, capaces de destruir semejante gigante y están muy equivocados.

Lo que va a acontecer dentro de corto tiempo, es la desintegración de la famosa "Torre de Babel" que construyeron. Ya la terminaron y ahora vienen las consecuencias negativas para toda la Humanidad.

Esto lo pueden negar los científicos con sus teorías, como lo están haciendo y lo han hecho, de desfigurar la verdad nada más que por orgullo, vanidad, y el deseo de poder. Se reirán como asnos rebuznando, porque no son capaces de medir las consecuencias de lo que hicieron: Plagaron el planeta con bombas atómicas para apoderarse de él y no tienen en cuenta que existe Dios y su Justicia, quien aplastará todo. A las bestias no se les puede hablar de Dios porque rebuznan y con sus hechos están negándolo, se creen los dioses y eso no es así.

Esas falsas potencias que llaman ahora, quedarán en las ruinas tanto económica como moralmente, porque el dinero dentro de muy poco desaparecerá y el hambre y la miseria las acabará. No aguantarán un sacudón y quedarán impávidas del miedo y el terror. Ahí se van a dar cuenta verdaderamente que existe la Justicia Divina, para castigar la perversidad.

Lo que está sucediendo ahora, que todo mundo anda entretenido buscando dinero a toda costa, sucedió en la Atlántida exactamente, que el dios de aquella época era el dinero; que las religiones dibujan como un becerro de oro.

Asimismo en esta época el dinero es el dios y están totalmente equivocados.

Los ricos, que tanto aullan ahora de poder, serán los más infelices porque nada van a hacer con tener cantidades de dinero, si no hay quién les venda ni quién les compre. Se arrodillarán y llorarán pidiendo un plato de comida, y aullarán como perros.

Cuando Hercólubus se acerque más a la Tierra, que se ponga a la par del Sol, empezarán las epidemias mortíferas a expandirse por todo el planeta, y los médicos o ciencia oficial no conocerán qué clase de enfermedades son y con qué se curan; quedarán manos arriba ante las epidemias. Comenzará a desaparecer la vida en nuestro planeta y ahí es donde la Humanidad tendrá que comer cadáveres de sus semejantes, por el hambre arrolladora y el calor insoportable.

Llegará el momento de la tragedia, de la oscuridad: temblores, terremotos, maremotos; los seres humanos se desequilibrarán mentalmente, por no poder comer ni dormir; y viendo el peligro, al precipicio se lanzarán en masas, locos totalmente.

Esta raza va a desaparecer. No quedará vida en el planeta y la Tierra se hundirá en el océano, porque la Humanidad llegó a la perversidad más grande, que ya quiere pasar el mal a otros planetas y eso no se lo van a permitir.

Los científicos y el mundo entero están llenos de pánico, sin empezar la destrucción todavía, pero el temor a Dios no existe en ningún terrícola. Creen que son amos y señores de la vida, que son poderosos y van a ver ahora que sí hay Justicia Divina, que nos juzga de acuerdo a nuestras obras.

Lo que afirmo en este libro es una profecía a muy corto plazo, porque me consta el final del planeta, lo conozco. No estoy asustando sino previniendo, porque tengo angustia por esta pobre Humanidad, ya que los hechos no se hacen esperar y no hay tiempo que perder en cosas ilusorias.

LOS ENSAYOS ATÓMICOS
Y EL OCÉANO

Estamos en un callejón sin salida.

Ya hablamos de Hercólubus más bien por encima, no profundizando mucho para no asustar, no alarmar a la gente. Vamos a ver otro peligro mortal y destructivo, que nadie podrá detener. Son los ensayos atómicos en el océano.

Hay grandes agrietamientos a lo largo del mar, profundísimos, que ya están haciendo contacto con el fuego de la Tierra, debido precisamente a los ensayos atómicos que están haciendo los científicos y las potencias, que se creen potencias, sin medir las consecuencias de las barbaridades que han cometido y están cometiendo contra el planeta y contra la Humanidad.

El fuego de la Tierra ya comenzó a hacer contacto con el agua y están los ciclones haciéndose ver, que los señores gringos llaman "El Fenómeno del Niño"; no es "El Niño", es el contacto del fuego de la Tierra con el agua, que se está extendiendo por el océano. De acuerdo con el agrietamiento surgirán maremotos, terremotos, cosas espantosas en el agua y en la tierra y no quedará ciudad costera sin ser arrasada; y empezará el hundimiento de nuestro planeta en el océano, porque ya está movido el eje de la Tierra por todos los ensayos que están haciendo.

Ya el eje de la Tierra está fuera de su puesto, y con temblores, terremotos, maremotos, acabará de zafarse y vendrá el hundimiento. No vaya a creer, mi estimado lector, que el planeta se va a hundir de repente. Este es un proceso largo, lento, angustioso y doloroso, que tendrá que pasar la Humanidad. Se irá hundiendo por pedazos en el océano, hasta que llegue a su fin.

Los señores científicos no calculan las atrocidades que han hecho contra la Creación, porque serán víctimas de su propio invento. Ya existen monstruos, bestias salvajes en el fondo del mar, que se nutrieron con energía atómica y el calentamiento de las aguas las hará salir a buscar refugio; llegarán a las ciudades costeras y arrasarán con todo, casas, edificios, embarcaciones y gente, porque estas bestias salvajes que se gestaron con energía atómica, son atómicas. Entonces, las balas tridimensionales no servirán sino para enfurecerlas más. Lo que estoy diciendo es a corto tiempo.

Y esto no queda así. Del hervor de las aguas del mar con el fuego de la Tierra, surge un vapor impresionante que ni los aviones podrán volar ni los barcos podrán navegar y estos vapores nublarán el sol, vendrá la obscuridad total y la vida de nuestro planeta se acabará. Yo les aconsejo, amables lectores, que no se muevan de donde están ubicados, porque no hay para dónde coger.

Los señores científicos ignoran todas estas consecuencias que han provocado con sus explosiones atómicas, sus ensayos en el océano. De modo, pues, que por muy científicos que sean son unos ignorantes, bestias salvajes, que no les importa inventar artefactos para destruir la Humanidad y destruirse a sí mismos.

La energía atómica contaminó todo el mar y los animales que habitan en él; es lógico que al nutrirnos con el pescado o ciertos animales marinos, estamos contaminando nuestro organismo. Se aconseja mejor no ingerirlos.

El mar, al ser un cuerpo vivo, inhala y exhala; al exhalar está contaminando el oxígeno que respiramos y toda la vegetación. Vendrá la alteración de los organismos humanos y entonces nacerán niños montruosos que alarmarán al mundo entero, por esta contaminación general.

Visto nuestro planeta desde otras dimensiones superiores, allá desapareció; lo que vemos es un lodazal color amarillo, como ponernos a hervir en una vasija un poco de tierra con agua. No se ve vida de ninguna especie, ni de plantas ni de animales ni humana. Todo está muerto. Falta que cristalice a la Tercera Dimensión o mundo físico, para empezar a desaparecer del mapa, porque todo viene de arriba para abajo.

De esto que digo aquí, los científicos, los intelectuales, se reirán a toda boca como un burro rebuznando, pero cuando llegue el momento serán los más cobardes; llorarán sin saber qué hacer ni para dónde coger.

Entoces, ¿qué esperamos de la Humanidad? Esperamos su fin. Los señores que falsamente se llaman científicos, sí son científicos, pero destructivos, no constructivos porque la ciencia la ocupan para destruir todo lo que tenga vida.

Les pregunto a los señores científicos, que son los que rebuznan tan duro: ¿Qué fórmula encuentran para evadir estos problemas que amenazan con destruir la Humanidad y el planeta? No hay fórmula sino esperar el cataclismo. O si tienen una fórmula eficaz, ¿pueden hacérnosla conocer?

LOS EXTRATERRESTRES

He visto películas, revistas de los señores gringos, queriendo tapar la luz del Sol con un dedo y se equivocaron, porque a mí no me tapan la vista y menos me van a hacer creer en sus teorías bobas e imaginaciones bajas, como lo están haciendo con la Humanidad.

Así como están haciendo con Hercólubus, que se acerca a la Tierra velozmente, rebajándolo hasta atreverse a dar el peso y la medida que este mundo tiene, han hecho con los extraterrestres, deformándolos como gorilas, como animales y ésa es una gran mentira, falso ciento por ciento, porque los habitantes de los demás planetas de nuestro sistema solar y nuestra galaxia son superhombres y sabios.

He tratado muchas veces con los extraterrestres, he ido a Venus y a Marte moviéndome en mi Cuerpo Astral conscientemente y puedo dar fe, testimonio de esta maravilla de habitantes, que no tengo palabras con qué describir la sabiduría, la cultura y la vida angélica que llevan.

La Vida en Venus

Los venusinos tienen cuerpos perfectos: frente ancha o amplia, ojos azules, nariz recta, cabellos rubios y una inteligencia sorprendente. Miden más o menos de 1,30 a 1,40 metros de estatura, no hay más altos o más bajos; no hay barrigones ni gente que se vea desfigurada, todos tienen figuras angélicas: perfección en hombres y mujeres, porque es un planeta y su humanidad ascendente, superior. Allá no se ven monstruos como se ven aquí.

Usan un cinturón ancho lleno de botones rojos, azules y amarillos a su alrededor, que están prendiendo y apagando como un faro. Cuando ellos se ven en peligro aprietan un botón madre, que puede ser simbolizado como la hebilla que tenemos nosotros en los cinturones; con solo apretarlo se forma un círculo de fuego, capaz de desintegrar una bala y todo lo que coja a su alrededor.

Aparte de eso conocí una arma que es como un paquete de cigarrillos de grande, manual, de bolsillo, que con solo apretar un botón de ese aparato pueden volar un cerro por grande que sea, y hacerlo desaparecer. ¿Qué hiciera un terrícola con un arma de esas?

Cuando se piensa hacerles una pregunta, ellos le dan la respuesta sin necesidad de mover uno los labios, en el idioma que sea, porque hablan todos los idiomas con perfección; tienen el Don de Lenguas.

Cuando se está conversando con un venusino, los demás pasan a su trabajo, su diligencia que tienen que hacer sin detenerse; ellos no son como nosotros, que nos amontonamos a mirar y a criticar a una persona que tenga un defecto físico. Me he mirado en Venus, comparando mi forma y la de ellos y da vergüenza, uno queda como un gorila; sin embargo, eso a nadie le llama la atención, todo mundo pasa desapercibido sin sorpresa ninguna. Es una cultura nunca vista.

Voy a describir ahora cómo es la tierra, la naturaleza, su forma de vida y cómo trabajan ellos.

La tierra en Venus no es compacta como la de nosotros ni pesada sino una tierra liviana, suave. En cuanto a las piedras, nos imaginamos las de nuestro planeta y no es así. Hay piedras grandes, pequeñas, de todo, pero no tienen el peso de aquí, no son densas; se puede levantar una piedra que acá pesa arrobas, allá pesa son libras, nada, porque son livianas y de un material suave.

Los árboles no son gigantes, en la vegetación no hay espinas; no hay bejucos en las montañas que tranquen el paso. Uno puede entrar a una montaña de esas sin necesidad de llevar un machete o cuchillo, porque no hay nada qué cortar. No hay peligros por ningún lado.

Los árboles frutales se siembran hasta en las azoteas de las casas, en materas, con tierra muy abonada, para que den sus frutos. Allá nadie coge una fruta porque sí, porque le dio la gana sino esperan que estén sazonadas, maduras; las cogen con un aparato sin tocarlas con la mano y van por tuberías a unos tanques de aguas muy limpias, que están en revolución, donde pasan por una limpieza especial. Después de ser lavadas salen por otra tubería a unas máquinas, donde quedan pulverizadas. De ahí pasan a otro recipiente, donde le van a agregar más vitaminas; no vitaminas químicas sino naturales, para empacar esto herméticamente y ése es uno de sus alimentos.

En cuanto al mar, creo que la gente va a comparar el nuestro con el de ellos y resulta que el mar es completamente azul, como una laguna quietecita que no se mueve para ningún lado, sin olas, que puede verse la profundidad sin necesitar ningún aparato artificial.

Los peces son supremamente mansos, no le tienen miedo a uno. Tienen sectores del mar donde ellos alimentan con muchas vitaminas a los peces y cuando necesitan ingerir alguno, miran cuál es el más grande o el que quieren utilizar, para ahí meter una red cuidadosamente sin maltratar a los demás peces ni asustarlos; los sacan y les quitan las vísceras.

Luego, por medio de unas poleas, van a un tanque de aguas muy limpias, que están en revolución y pasan por una limpieza única. Esto sin tocarlos con la mano. De ahí pasan a unas máquinas donde sale el pescado pulverizado; a ese pescado le agregan más vitaminas naturales y éste es otro de sus alimentos, lo mismo que las hortalizas. Allá nadie come carne de ninguna especie.

Existen lo que podemos decir restaurantes, para que entienda mejor el lector, donde llegan y se sientan a una mesa; como allá todos los habitantes leen el pensamiento, sin necesidad de pedir la comida que desea le llega el plato, sin uno mover los labios. No se usan esos agradecimientos y esas cosas que hacemos aquí. Allá comió, se paró de la mesa y no tiene que preguntar cuánto vale o cuánto debo o muchas gracias, porque todos, con un movimiento de cabeza dan los agradecimientos.

Los almacenes de ropa son exactamente igual. Cuando quieren cambiarse llegan a un almacén y de una vez les pasan la ropa y el calzado. Ahí mismo pueden apretar un botón en la pared y se forma un cuarto oscuro, donde se cambia y se baña, si quiere; apretando otro botón sale el chorro de agua. En seguida entrega la ropa que se acaba de quitar, para que pase por una limpieza especial. No hay distinción en la ropa ni en el calzado; es uniforme para todos.

Allá nadie tiene casa; cuando a una pareja de venusinos le da sueño o quieren descansar, aprietan un botón de una casa o edificio, donde se forma un cuarto oscuro. Aprietan otro botón y sale la cama, sin necesidad de decir "esto es mío" sino del que lo necesita, sin pedirle permiso a nadie.

Las calles en Venus no son como las nuestras. Las avenidas circulan como una escalera eléctrica aquí. No hay accidentes de ninguna especie porque todo está en orden y los vehículos son planchones muy bonitos, muy adornados, que ésos son los que salen; llegan a su destino, y se baja el planchón con todo y gente, no es la gente la que se baja sino el planchón. Y sube otro planchón que ya está listo con otra gente, para seguir su viaje. Esas calles se mueven con energía solar, todas las maquinarias funcionan con energía solar; allá no usan el aceite ni la gasolina ni nada que contamine. Por eso no hay contaminación.

Para hacer las casas o edificios, ellos no se suben como aquí, que se trepan a muchos metros de altura a trabajar; todos trabajan desde el suelo. La azotea del edificio es la primera que hacen, luego por medio de unos rodillos levantan ese planchón y siguen construyendo el otro piso. Cuando está terminado, nuevamente lo suben con los rodillos y así sucesivamente, de acuerdo a la cantidad de pisos que quieran hacer, sin correr peligro de accidentes.

Los venusinos, hombres y mujeres, trabajan dos horas diarias, cada cual en su profesión. Allá no hay dinero y nadie es dueño de nada; todos tienen derecho a todo y trabajan para todos. No hay Don Fulano ni Don Zutano porque existe la igualdad. La ley es trabajar dos horas diarias, para que no haya hambre ni miseria.

Con los poderes y facultades que tienen, ponen la Naturaleza a trabajar: hacen llover cuando quieren, hacen salir el Sol cuando quieren, opacarlo cuando quieren; no es como nosotros, que estamos bajo el mando de la Naturaleza.

No existen los permisos, "que me den permiso de irme a otro planeta", no; allá cada venusino puede coger una nave de la estación donde están para ir donde quiera, sea otro planeta u otras galaxias, sin consultarle a nadie; hay libertad total. Con el compromiso de dejar la nave donde la encontró cuando regrese, para que otro la ocupe. No existen fronteras ni papeleo ninguno.

Hago saber que en Venus no hay familias como en nuestro planeta, allá hay sólo parejas. No tienen iglesias ni curas para casarlos; se unen con su alma gemela o su media naranja que se llama, que es el complemento de cada ser humano. No hay religiones de ninguna especie; la religión es el respeto mutuo, a la vida y a los demás.

No existe la fornicación como aquí, pues los terrícolas son peores que bestias; ellos usan lo que la Gnosis enseña: La Castidad Científica o Transmutación de las Energías. Por eso se prolongan la vida que quieren, porque la energía es la vida misma de uno; en cambio en nuestro planeta, a corta edad se ve la vejez en la gente, por la fornicación.

Al darles la mano se siente un corrientazo eléctrico que lo sacude, como si cogiera energía, porque ellos son energéticos; no son fornicarios como aquí. Esa energía se la da la Castidad Científica.

Se unen sexualmente para crear un hijo sin el acto fornicario, sino con un espermatozoide que se escapa, es suficiente para darle cuerpo físico a un alma que desea venir a prepararse. No hay degeneramiento sexual como lo hay aquí, que ya hasta los señores curas están casando homosexuales, porque el homosexualismo en ellos no existe; son hombres verdaderos y mujeres verdaderas. Todas estas atrocidades sexuales no se ven sino en nuestro planeta, porque en los demás saben reproducirse sin caer en la fornicación.

Cuando nace un niño, es trasladado a una clínica con todos los cuidados del caso, donde recibe alimentación especial mientras tiene edad de estudiar. Cuando ya tiene edad para empezar a prepararse va a un colegio, que es un taller inmenso donde aprenderá todo lo necesario, en la práctica. Los directores de ese colegio, para estudiar la vocación que trae esa alma, le enseñan a manejar las maquinarias y lo dejan que desarrolle las ideas que él trae.

Cuando el niño tiene ideas de fabricar alguna cosa, los profesores o maestros le ayudan a complementarlas, hasta que hace el artefacto que quiere, y así sucesivamente hacen con toda la Humanidad. De modo pues, que en Venus no hay ignorantes, todos están preparados para el ascenso material y espiritual.

La Vida en Marte

La vida en Marte es exactamente igual a la de Venus, hay libertad en todo. Los marcianos pueden moverse por todos los rincones del planeta sin necesidad de papeleos ni pasaporte, ni nada de esas cosas y sin permiso de nadie. Donde llegan hay dormida, comida y ropa para cambiarse, en cualquier parte de Marte, o sea que donde estén encuentran todo lo que necesitan, porque no hay fronteras sino plena libertad. Así mismo es en los demás planetas de nuestro Sistema Solar.

El marciano tiene un cuerpo más grueso que el venusino, aparentemente como más drástico, porque ellos pertenecen al rayo de la fuerza.

En Marte todo el mundo usa uniforme de soldado, su escudo, el casco, armadura, todas estas vestiduras de guerra en un material parecido al bronce. Ellos se han destacado porque son guerreros el ciento por ciento, pero no guerreros como podemos calificar aquí. Entre ellos no hay guerra y con los demás planetas tampoco. La guerra de ellos es contra el mal, a combatir el mal, no unos contra otros.

Les hago saber que en estos planetas nadie trabaja a fuerza bruta como en nuestro mundo, nadie suda; no llegan al cansancio porque allá trabajan son las máquinas, todas movidas con energía solar. Ellos lo que hacen es guiar o manejar estas máquinas, donde están relevándose. Todo se mueve por medio de la sabiduría que tienen.

Tan poderosos son los extraterrestres que nacen, crecen y mueren a voluntad. Cuando se cansan ya por muchos años de tener el cuerpo físico y quieren cambiar, mueren, y lo meten en una concavidad que hay en las paredes, exactamente al mismo tamaño de ellos; cierran una portezuela y aprietan un botón, que en cuestión de minutos queda en cenizas. Si no ha muerto totalmente, entonces el botón no funciona y lo sacan para que acabe de morir. Allá no hay cementerios; esas cenizas se las echan a un árbol o las entierran. Nadie llora porque murió una persona; la muerte es para ellos un cambio de vestido, nada más.

En estos mundos no hay involución en las plantas, los animales, la Humanidad ni los planetas; todo está ascendiendo. En cambio, aquí descendemos con todo y planeta porque los hechos están demostrándolo. No hay plagas tales como la mosca, el zancudo, mosquitos, que perjudiquen la salud, ni amenaza de reptiles.

La Ley en Marte y en los demás planetas es el mutuo respeto entre sí, con los demás, con la vida y con todo. Ellos respetan el libre albedrío de cada persona. No es como estos terrícolas, que quieren apoderarse del mundo a pura bala y amenazas. Están muy equivocados los señores gringos con sus películas y sus revistas que sacan.

Así es que describo un poco sobre Marte, para hacerle ver a los gringos que ellos no saben nada de la vida de otros mundos, porque niegan la vida de Marte y demás planetas.

Yo no uso telescopios ni cosas artificiales para darme cuenta del Universo. Sé manejar mis cuerpos internos a plena voluntad y conciencia; la Gnosis me entregó las claves, llevé a la práctica lo que me enseñaron y el resultado es éste: Conocer, porque el que cocnoce es el que tiene Conocimiento; el que no tiene Conocimiento es el que habla de lo que no conoce. La

Gnosis en la práctica no hay nada con qué compararla, sobrepasa todas las barreras y los muros que se presenten.

Las Naves Interplanetarias

Vamos a narrar un poco acerca de las naves interplanetarias, que los científicos ignoran o ponen en tela de juicio, haciendo dudar a la Humanidad de la existencia de tales naves.

Las naves interplanetarias se mueven todas con energía solar. Son de un material que aquí no lo hay, que está contra las balas y contra todo; son enterizas, no tienen soldadura, pegues o remaches y se conducen por medio de botones.

Llevan dos tubos horizontales de un material que no existe en este planeta, liviano, muy parecido al aluminio pero más brillante y más resistente. Esos tubos atraviesan la nave desde adelante hacia atrás. Por delante, que es por donde entra la energía solar y por detrás, sale la energía quemada, que son las colas de fuego que van dejando las naves por donde pasan.

No son todas redondas porque hay un modelo alargado, en forma de tabaco, capaz de transportar cientos de personas. Entonces, todas no tienen el mismo modelo ni el mismo tamaño. Estos son los vehículos de transporte de los demás planetas.

La tripulación de estas naves se comunica unas a otras telepáticamente, sin necesidad de teléfonos ni televisión ni nada de esas cosas por el estilo. Tienen todas sus facultades despiertas.

Cualquier terrícola de estos que rebuznan tan duro, como los señores gringos y demás potencias, que creen que son los únicos que saben, ¿qué hacen estos pobres ignorantes, sin conocer verdaderamente las maravillas que existen en otros planetas?

Las naves interplanetarias de los extraterrestres están listas, preparadas ya para salir a rescatar a todas aquellas personas que estén trabajando con la fórmula que en este libro se da. Ellos saben, no hay necesidad de llamarlos porque nos conocen por dentro y por fuera. En las naves será el recate, cuando llegue el momento. Son muy pocos, contados con los dedos de las manos los que van a lograrlo, porque nadie quiere trabajar sino todo lo llevan a la mente y de la mente salen las teorías, que es el mismo ego el que las saca, y aquí necesitamos es hechos: Empezar de una vez el trabajo que tenemos que hacer.

Hago esta narración con el fin de que todo el mundo sepa de una vez la verdad, que no somos los únicos habitantes de nuestro sistema solar y nuestra galaxia sino que somos lo más inferior, porque aquellos países que se creen las grandes potencias, que lo saben todo, con sus hechos están demostrando lo contrario. Con las atrocidades que están cometiendo contra ellos mismos y contra los demás, se demuestra la calidad de humanidad que somos. Que no me vengan a echar esos cuentos que se inventan ellos, que yo sí conozco.

Por eso escribo este libro, para que vea la Humanidad cómo la tienen envuelta en puras mentiras y amenazas, los señores gringos y los señores científicos. Esto que digo lo sostengo todo el tiempo y si me toca morir por sostener la verdad, muero.

LA MUERTE

Este capítulo esotéricamente se titula "La Muerte", porque el que empieza a desintegrar sus defectos empieza a salirse del círculo donde está metida toda la Humanidad. Entonces, cuando lo van a invitar a hacer una fechoría dicen los demás: "No sirve para nada, ése es un muerto", porque no sigue el camino del resto de la Humanidad.

Todo ser humano lleva dentro de sí una Chispa Divina que se llama Alma, Budhata o Esencia, en fin, tiene diferentes nombres; pero en realidad es una chispa divina que nos impulsa y nos da fuerza para emprender un trabajo espiritual, como el que les estoy enseñando. Esa Esencia o Alma está atrapada en todas nuestras maldades, defectos o yoes psicológicos que esotéricamente se le dice "Ego"; que son los que no la dejan manifestar con libertad porque son los que cogen la vocería y el mando de la persona.

Ya con el trabajo de la desintegración de los defectos va creciendo, se va fortaleciendo, va manifestándose con más claridad, con más fuerza. Se va convirtiendo en Alma.

Voy a dar un ejemplo: este árbol está parado en sus raíces principales, ellas no lo alimentan sino únicamente lo sostienen contra los vientos y el

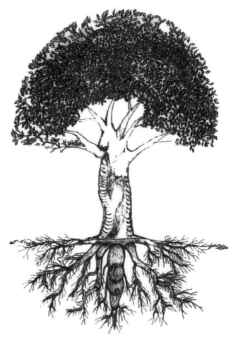

peso del mismo para no caerse, no derrumbar-
se. Y sus raíces pequeñísimas son las que se ex-
tienden por la superficie de la tierra, y van
absorviendo la savia para alimentarlo.

Asimismo es el Ego de nosotros o de la Humanidad. Las raíces gruesas que sostienen al árbol simbolizan los defectos capitales, como la
lujuria, la venganza, la ira, el orgullo y otros más.
Y las raíces pequeñas representan los detalles,
aquellas manifestaciones diminutas que pertenecen a tal o cual defecto, que no creemos que
son defectos pero que son la alimentación de
él. El ego se alimenta por todos esos detalles
diminutos, que tenemos en gran cantidad.

Hay que empezar a autoobservarnos para ver
los miles y miles de detalles negativos que tenemos, que son los que sostienen el tronco. Así le
toca a todo el que quiera salvarse del desastre
que viene, ponerse a quitarle la alimentación a
ese árbol, que son las raíces diminutas. Detalles negativos como los malos pensamientos, el
odio, la envidia que siente uno contra otras
personas, la ambición, cogerse monedas y cosas insignificantes, echar mentiras, decir palabras llenas de orgullo, la codicia; en fin, todas

esas cosas que son negativas en el fondo, debe empezar uno a desintegrarlas seriamente.

Hay otra chispa divina dentro de nosotros que se llama la Madre Divina, cuya misión es desintegrar los defectos con una lanza que ella posee. Por diminuto que sea el detalle debe pedirle a la MADRE DIVINA interna: **"Madre mía, sácame este defecto y desintégralo con tu lanza"**. Ella lo hará así porque ésa es su misión, ayudarnos en esa forma para irnos liberando. Así no crece más el árbol sino se va desnutriendo, se va secando.

Lo que enseño aquí es para llevarlo a la práctica, a los hechos: donde vaya, esté trabajando o lo que esté haciendo, debe ponerle cuidado a la mente, al corazón y al sexo. Son los tres centros por donde se manifiesta todo defecto y cuando un elemento se está manifestando, sea por cualquiera de estos tres centros, en seguida viene la petición a la Madre Divina, para que ella proceda a desintegrarlo.

Con este trabajo que estoy señalando de la muerte del ego, se adquiere la Castidad Científica y se aprende a amar a la Humanidad. El

que no trabaje con la desintregración de los defectos no puede llegar jamás a la Castidad ni
puede llegar nunca a sentir amor por los demás, porque no se ama a sí mismo.

La desintegración de los defectos y el
desdoblamiento astral son ÚNICAS FÓRMU-
LAS que hay para el rescate.

EL DESDOBLAMIENTO ASTRAL

Querido lector:

Como hablamos del astral, quiero preguntarle si ha soñado con personas que han muerto hace años; con sitios y personas que usted no conoce físicamente, que la gente llama común y corriente sueños: "Anoche soñé tal cosa". Pero nadie se detiene a pensar ¿por qué estaba soñando con otros sitios o lugares, si su cuerpo físico estaba descansando en su cama?

Este es el Plano Astral o Quinta Dimensión, donde no existe el peso ni la distancia, a la cual pertenece el Cuerpo Astral; un cuerpo exactamente igual al físico, energético, que se mueve a grandes velocidades como el pensamiento, capacitado para investigar todo lo que quiera del Universo.

En la Quinta Dimensión nos movemos, investigamos, conocemos lo que son los Ángeles la Virgen y todas las Jerarquías; que se mueven hablan y enseñan una Sabiduría que no está escrita en los libros, está fuera de la mente humana. Cuando uno quiere saber por sí mismo aquello que llama la gente Ocultismo, allá se conoce y deja de ser oculto.

Lo que interesa es no salir inconsciente, dormido, sino salir conscientemente del cuerpo físico y moverse a plena voluntad. Así, mi estimado lector, si usted pone en práctica la salida en astral, voy a darle mantrams que los he practicado y sé que dan resultados positivos. Un mantram es una palabra mágica, que nos permite salir del cuerpo físico y regresar a él, con plena conciencia.

Se acuesta, relaja su cuerpo y pronuncia estas palabras mágicas por 3 ó 5 veces, verbal y después las sigue repitiendo mentalmente. Cuando usted sienta que pasa un corrientazo por todo su cuerpo, de pies a cabeza, que pierde como la fuerza y entra una pereza que no quiere moverse, debe levantarse con supremo cuidado, sin sacudirse, pararse y pegar un saltito, que de una vez queda flotando.

No vaya a darle miedo, sorpresa o mucha alegría, cuando se vea flotando en cuerpo astral: esto lo hacen todos los seres humanos y nada les ha pasado. Lo que pasa es que salen inconscientemente y no hacen las cosas a voluntad.

Todos nosotros tenemos nuestro Espíritu Divino, que se le dice Padre. Inmediatamente usted se vea flotando en el aire, dice: "Padre mío, llévame a la Iglesia Gnóstica" o a donde quiera dirigirse o conocer, y él lo llevará inmediatamente, tan rápido como un rayo. Allá recibirá la enseñanza directamente de las Jerarquías.

Así es que va adquiriendo la verdadera Sabiduría, que no está escrita en libros ni la enseñan en universidades ni en ninguna parte. Ojalá lo haga todas las noches.

Mantram **LA RA S:** Este mantram se pronuncia prolongando el sonido de cada sílaba:

Llllllaaaaaaaaaaaaaaaaaaaaa
Rrrrrrrrrrrraaaaaaaaaaaaa
Ssssssssssssssssss (como un silbido).

Otro mantram para salir en cuerpo astral:
FARAON

Faaaaaaaaaaaaaaaaaaaaa
Rrrrrrrrrrrraaaaaaaaa
Ooooooooonnnnnnnnnnn.

Voy a darles otra clave para despertar conciencia en dimensiones superiores:

Todo lo que vemos aquí, lo que nos rodea, las
casas, la gente, los carros, tienen un doble que
es el astral, y cuando uno quiere hacer diferen-
cia de dónde se encuentra, si está físicamente o
en astral, mira a su alrededor todo lo que le
rodea, las personas, las casas, el sitio y se hace
esta pregunta: "¿por qué estoy viendo tal y tal
cosa?, haciéndosele raro. ¿Será que estoy en
cuerpo astral o en cuerpo físico?" y pega un
saltito con la intención de quedar flotando.

No necesita que vaya a saltar un metro, con cen-
tímetros que se solivie de la tierra ya sabe si está
físicamente o no. Si no flota es porque está físicamente y si flota es porque está en cuerpo
astral. Entonces al verse flotando, debe pedir
inmediatamente al Padre Interno que lo lleve
a la Iglesia Gnóstica o lo lleve al sitio que usted
desea conocer.

Hágalo diariamente, todas las veces que más
pueda durante el día, en su trabajo o donde
esté y verá los resultados.

Sostengo lo que escribo en este libro porque conozco, estoy seguro de lo que digo porque he investigado a fondo con mi cuerpo astral, que es el que me permite darme cuenta de todo, minuciosamente.

NOTA FINAL

Estas fórmulas las doy a la Humanidad, porque el que quiera verdaderamente salvarse del cataclismo que viene, debe empezar de una vez a desintegrar el yo psicológico, o sea todos nuestros defectos, que son miles; capacitarse, para que al momento del rescate sea llevado a un lugar seguro, donde nada le pasará y pueda seguir trabajando sobre sí mismo, hasta llegar a la Liberación. Ése será el que logre escapar del desastre.

La Justicia Divina llama a esta Humanidad "la cosecha perdida", o sea, no hay nada qué hacer. La destrucción que viene es porque ya los Dioses no pueden hacer más por nosotros. De modo, pues, que a la Jerarquía nadie la va a coger de sorpresa; todo está planeado.

Amable lector: Estoy hablando muy claro para que me entienda la necesidad que hay de lanzarse a trabajar seriamente, porque el que esté trabajando se saca del peligro. Esto no es para que lo formen teorías ni discusiones sino para que experimenten la verdadera enseñanza que les estoy dando en este libro, pues no nos queda más a qué apelar.

No soy un metemiedos, soy un ser humano que estoy advirtiendo lo que viene y lo que va a pasar. Esto que les digo es muy serio y el que tiene temor a Dios se pone a trabajar contra sus defectos, que son los que nos aíslan del Padre.

Sobre la parte esotérica me podría extender más, pero no quiero quitarles su tiempo sino luchar para que cada uno realice este trabajo que enseño porque ese es el camino a seguir, y no quiero que nadie se pierda.

Amigo lector:

Si a usted le interesa un poco más de información, puede dirigirse a los siguientes apartados:

CAIXA POSTAL: 1090
CEP 38400-970 - Uberlândia MG - Brasil

ÍNDICE GENERAL